Eifersucht verstehen & loswerden

Wie Sie Eifersucht bekämpfen und überwinden, Misstrauen ablegen, Ihr Selbstvertrauen stärken und endlich eine glückliche Beziehung führen

Paula Neustedt

INHALT

Das erwartet Sie in diesem Buch

W ir alle haben hin und wieder durch Erzählungen von eifersüchtigen Mitmenschen erfahren, vielleicht waren Sie selbst schon einmal eifersüchtig. In diesem Buch erfahren Sie Aspekte der Eifersucht und wie Sie dieses Gefühl überwinden können.

Wieso fühle ich mich so stark gekränkt? Woher kommt dieses ungeliebte Gefühl? – Eifersucht. So gut wie jeder Mensch erfährt in seinem Leben wohl mal dieses Gefühl und legt eifersüchtiges Verhalten an den Tag. Das ist durchaus normal, schämen Sie sich nicht wegen dieses Gefühls. Aus allem können Sie etwas mitnehmen.

Als Eifersucht bezeichnen wir Gedanken und Gefühle von Unsicherheit und Angst.

Häufig innerhalb einer Partnerschaft, Freundschaft oder auch in der Familie. Es ist wie eine negative Energie, die uns umgibt. Gerade heutzutage mit den ganzen Möglichkeiten von Social Media verlieren immer mehr Menschen ihr Vertrauen in den Partner. Studien zufolge haben 44 % der Männer und 32 % der Frauen aufgrund von Eifersucht die Beziehung beendet. Auch Freundschaften können aufgrund eifersüchtigen Verhaltens zerbrechen. Betroffene Personen, die an der Eifersucht leiden, kann dieses Verhalten auf Dauer auslaugen. Wie Sie mit Ihren Gefühlen besser umgehen und das Gefühl der Eifersucht überwinden können, erfahren Sie in diesem Buch. Sie erfahren ...

• ... Aspekte der Eifersucht und lernen, damit besser umzugehen.

• ..., wie sie entsteht und was sich dabei in Ihrer Gefühlswelt entwickelt.

• ..., wie Sie lernen zu vertrauen und die Angst, nicht geliebt zu werden, loszulassen.

ÜBER DIE AUTORIN ...

... die Autorin hat ein wenig Poesie einfließen lassen und steht Ihnen mit ein paar Tipps und Denkanstößen zur Seite, um Ihre Eifersucht zu überwinden. Das Buch thematisiert nicht nur die Eifersucht, sondern hilft Ihnen auch dabei, Ihren Selbstwert zu stärken, sich selbst und das Leben zu lieben.

Was ist Eifersucht?

Haben Sie manchmal das Gefühl einer großen inneren Unsicherheit und bekommen Sie Angst bei dem Gedanken, Ihrem Partner nicht mehr zu genügen und möglicherweise auch ersetzt zu werden? Sie reagieren öfter eifersüchtig, beispielsweise, wenn Sie sich vernachlässigt fühlen oder Ihr Partner jemand anderem Zuneigung oder Aufmerksamkeit schenkt. Diese Gefühle können durch Verlustangst oder Kränkung ausgelöst werden. Eifersucht ist eine schmerzhafte Emotion und kann in Verbindung einer Freundschaft, Partnerschaft oder auch in der Familie entstehen. Wortwörtlich gesagt, leiden wir unter diesem Gefühl, egal, in welcher Hinsicht.

„Eifersucht ist eine Leidenschaft, die mit Eifer sucht, was Leiden schafft."

Friedrich Ernst Daniel Schleiermacher

Am schönsten umschreiben Schriftsteller jenes, was wir manchmal nicht in Worte fassen können – nicht wahr? In Wahrheit bemühen wir uns, etwas anzuziehen, welches uns Leid bringt. Oft versuchen Betroffene krankhaft, Beweise für die Eifersucht zu finden, was sie am Ende noch mehr leiden lässt. Aber seien Sie sich bewusst, dass die Eifersucht nicht zu einer Beziehung gehört. Ja, es schmerzt, wenn wir schwierige Zeiten durchmachen und Nächte voller Schmerz uns schlaflos lassen, doch Ihre negativen Glaubenssätze durch mögliche negative Erfahrungen in der Vergangenheit können so etwas auslösen. Von dem Gefühl, durch das die Eifersucht entsteht, können Sie auch etwas mitnehmen, und zwar, sich mehr lieben und kennenzulernen. Eine Chance, die zwar wirklich unangenehm ist, doch zu erfahren, was hinter den Gefühlen steckt und wie man damit besser umgeht, lohnt sich doch, oder?

Wenn Sie jedoch sehr stark darunter leiden,

sollten Sie keine Scheu haben, sich professionelle Hilfe zu suchen. Manchmal brauchen wir Unterstützung und daran ist auch nichts Falsches. Wissen Sie, wenn wir Schmerz fühlen, kann dies oft eine Lektion für uns sein. Es gibt ein Sprichwort:

„Hinfallen, um zu wachsen. Verlieren, um zu gewinnen."

Arten von Eifer-sucht

Damit Sie etwas besser verstehen, was in Ihnen vorgeht, wenn Sie eifersüchtig sind, sollten Sie so viel wie möglich darüber mitnehmen, um sich selbst besser zu reflektieren. Ich habe die Arten von Eifersucht in unterschiedliche Kategorien eingeteilt. Natürlich gibt es verschiedene Situationen und Gefühle, jedoch kann diese Unterteilung ein wenig Klarheit schaffen, denn nichts hat so viele Facetten wie die Eifersucht, so wie wir alle verschieden sind, zeigt die Eifersucht auch, wie vielschichtig sie sein kann.

Die erste Kategorie ist die Verlustangst, bestimmt kennen Sie diese Angst – ich könnte ein Lied darüber singen – die *Angst* frisst ein förmlich auf:

Angst vor Veränderung, Angst jemanden zu verlieren, der einem wichtig ist, Angst, ersetzbar zu sein.

Manchmal ist die Angst einfach da, ohne einen bestimmten Grund, Sie spüren die Angst und Sie fühlen sich klein.

Leben Sie immer aus dieser Angst heraus, leben Sie ein Leben für andere Menschen, ohne auf Ihre eigenen Bedürfnisse zu achten – Sie vermeiden Konflikte und gehen Kompromisse ein. Wenn Sie sich in dieser Angst befinden, tut es mir so leid, denn Sie sind nicht dazu bestimmt, ein Leben für andere zu leben. Jedoch tun Sie jenes, indem Sie sich für Ihre Mitmenschen aufopfern – Sie leben für Ihre Eltern, Freunde oder Ihre Partnerschaft und für jemand anderes zu leben, zieht Sie herunter, denn das ist nicht Ihr Sinn und nicht Ihre Aufgabe.

Sie treffen keine Entscheidungen mehr, sondern fangen an, es allen recht zu machen. Kennen Sie das? – Sie beginnen, an anderen Menschen zu klammern. Im Prinzip sind Sie abhängig von anderen. **Wieso tun Sie sich das an? Sie sind in Ihrem Leben das Wichtigste.**

Egoistisch sind wir, ja, wir glauben, einen anderen Menschen in irgendeiner Form zu besitzen, wir müssen es fixieren und sind davon überzeugt, es festhalten zu müssen. In der Realität können wir niemanden besitzen oder an etwas festhalten, dass permanent in Veränderung ist. Verstehen Sie, früher in der Steinzeit waren wir voneinander abhängig und wenn der andere nicht mehr da war, war wahrscheinlich keine Chance auf Fortpflanzung mehr da. Wir Menschen entwickeln uns stets weiter und heutzutage sind wir unabhängig und das heißt, wir sind bereit, unser Leben so zu führen, wie wir es uns vorstellen.

Dann wäre da noch der Neid – wenn Sie einfach jenes wollen, was jemand anderes hat. Der Neid entsteht, wenn wir anfangen, uns mit jemand anderem zu vergleichen. Viele Menschen empfinden Neid als eine giftige Stimme im Kopf – wenn wir neidisch sind, zerstören wir unsere eigene Zufriedenheit und können so nicht schätzen, was wir bereits haben.

Bei Kindern kommt es bei der Entwicklung des eigenen "Ichs" zu Neid, oft angefangen bei den Geschwistern. Kinder müssen erst lernen, dass jedes Kind andere Bedürfnisse hat, worauf die Eltern achten müssen, und da kann es hin und wieder zu Neidgefühlen seitens der Kinder kommen. Nicht immer ist den kleinen Menschen bewusst, worauf sie gerade neidisch sind. Es ist wichtig, darüber zu sprechen, weil es im schlimmsten Fall das Selbstwertgefühl des Kindes negativ beeinflussen kann.

Die Eifersucht ist bekannt dafür, so vielschichtig zu sein. Hinter den Facetten der Eifersucht stehen viele verschiedene Emotionen: Mal blitzt sie nur kurz auf, mal geht sie ins Extreme. Es ist immer ein unangenehmes Gefühl, begleitet von Scham. Zum Beispiel können Sie auch in Verhalten von Stalking oder Aggressionen verfallen, was weder für Sie selbst noch für die Personen um Sie herum gut ist. Durch so ein Verhalten verletzen Sie sich selbst. Ihren eigenen Wert zu erkennen, ist überaus wichtig. Egal, was Sie gerade durchmachen und welche ausweglose Situation Sie beschäftigt, Sie kommen da raus. Sie sind nicht allein und Sie dürfen an sich glauben. Stehen Sie dem Leben mit offen Armen entgegen. Seien Sie zuversichtlich.

Wieso empfinden wir Eifersucht?

Ich benenne die Eifersucht gern als ein „ungeliebtes Gefühl", gerade deshalb, weil man es einfach nicht fühlen möchte. Die Frage kommt auf „Wieso sind wir eifersüchtig?" – Ursachen dafür kann man auf die Kindheit oder auch auf frühere Beziehungen zurückführen.

Aber jetzt mal Hand aufs Herz, wer von uns war nicht schon einmal eifersüchtig? Es ist okay, Sie dürfen fühlen, was immer Sie fühlen, aber Sie sollten darauf achten, dass Sie von diesem Gefühl wieder herunterkommen und sich selbst reflektieren.

TYPISCHE URSACHEN

Ein geringes Selbstwertgefühl ist häufig die Ursache für Eifersucht. Wenn wir der Meinung sind, dass wir wenig Wert sind, denken wir, der Partner könnte uns leicht ersetzen. Durch diese Gedanken entwickeln sich Verlustängste und Eifersucht.

Verurteilt und ständig kritisiert zu werden, kann auf Dauer zu starken Minderwertigkeitskomplexen führen, egal, ob als Kind oder im Erwachsenenalter. (*Sie sind übrigens toll, keiner hat das Recht, Sie zu verurteilen!*)

Die Aufmerksamkeit, Liebe und Wertschätzung ist für uns in der Kindheit sehr wichtig, fehlt uns diese Zuneigung von den Bezugspersonen, führt es oft dazu, dass wir uns für wertlos und ungeliebt halten. Es entwickelt sich eine Angst, von Menschen, die uns etwas bedeuten, ersetzt zu werden. Vielleicht haben Sie so etwas auch schon einmal erlebt, aber lassen Sie mich Ihnen sagen – Sie sind es wert und Sie dürfen an alle Ihre Träume glauben.

Wenn jemand eine geliebte Person verloren hat, entwickelt man große Ängste, wieder jemanden zu verlieren. Beziehungen fühlen sich unsicher an, das Vertrauen fällt schwer und man neigt oft dazu, sich an eine Person zu klammern. Da ist es wieder – *„wir opfern uns für jemand anderen auf"* und das dürfen Sie nicht zu lassen. Stellen Sie sich an erste Stelle und dies ist keinesfalls selbstsüchtig. Auch, wenn Sie in einer Partnerschaft sind, sollten Sie gut auf Ihre Bedürfnisse achten und sich selbst und Ihrem Partner Freiraum lassen. Wurden wir schlecht in einer früheren Beziehung behandelt, kann es das Gefühl von Eifersucht auslösen. Beispielsweise wurden Sie betrogen oder einfach sitzen gelassen und uns prägen nun mal diese negativen Erfahrungen und so leben wir in einer Welt voller Angst und diese äußert sich durch extreme Kontrolle und Eifersucht. Toxische Beziehungen sind oft das Resultat einer gebrochenen Seele.

> *„Egal, ob Mann oder Frau, wer fremdgeht, verliert seine Ehre und ermordet das Vertrauen des anderen."*
>
> *Koray Tektas*

Seien Sie achtsam gegenüber sich und Ihren Gefühlen. Behandeln Sie Ihre Gefühle nicht wie einen Feind, sondern mehr wie einen alten Freund. Sorgen Sie sich nicht, kämpfen Sie nicht gegen Ihre Gefühle an – lassen Sie Ihren Gefühlen Raum.

So etwas gehört zur Achtsamkeit. Wenn wir

unseren alten Freund nicht aufzuhalten versuchen, kann er uns inneren Frieden bringen.

„Wenn die Achtsamkeit etwas Schönes
berührt, offenbart sie dessen Schönheit.
Wenn sie etwas Schmerzvolles berührt,
wandelt sie es um und heilt es."

Thich Nhat Hanh

Im Buddhismus wird Eifersucht als eine störende Emotion bezeichnet und wird durch den Geisteszustand definiert. Es ist so, als würden diese Dinge unseren inneren Frieden stören. Wenn man an jemandem hängt oder eifersüchtig ist, haben wir meist kein gutes Gefühl dabei und manchmal tun oder sagen wir Dinge, mit denen wir uns selbst verletzen. Letztendlich sind wir die Verlierer.

Eifersucht in einer Partnerschaft

Laut eines Psychologen aus München sei „Eifersucht kein Zeichen von Liebe, sondern eher ein Zeichen von der Angst, Liebe entzogen zu kriegen. Je größer die Eifersucht, desto größer ist die Angst, den Partner zu verlieren."

Ich wollte wissen, ob Eifersucht oder auch Kontrollzwang ein Trennungsgrund ist – 41 % von 201 Befragten gaben an, dass sie aus diesem Grund die Beziehung beenden mussten.

KRANKHAFTE EIFERSUCHT

Besonders als Betroffener von übertriebener Eifersucht kann dieses Gefühl Sie kaputt machen. Es bleibt ein ständiges Misstrauen und der Partner steht stets unter Verdacht; alles, was der Partner macht, versuchen Sie zu kontrollieren. Bei krankhafter Eifersucht leidet man unter dem eifersüchtigen und teils auch egoistischen Verhalten des Partners – ein Dauerzustand, der das komplette Verhalten einer Person ausmacht. Auch, wenn die „normale" Eifersucht für uns auch öfters mal ein Warnzeichen sein kann, dass etwas faul ist, ist für Menschen mit krankhafter Eifersucht ständig etwas faul. Es kostet sehr viel Mühe und Arbeit, sich von diesen Verhaltensmustern zu lösen.

Vielleicht fragen Sie sich nun, woran Sie merken, ob Ihre Eifersucht übertrieben ist. Deshalb hier ein paar Anhaltspunkte:

I. Anschuldigungen: Sie konfrontieren Ihren Partner grundlos.

II. Ständiges Misstrauen: Ständig fragen Sie sich „Wo ist mein Partner? Was macht er? Bei wem ist er? Hat er jemand anderen? Betrügt er mich?"

III. Permanente Kontrolle: Sie kontrollieren das Handy

und die Sozialen Netzwerke Ihres Partners.

IV. Überreaktion: Sie sind schnell gereizt und Ihr Herz zerreißt bei der kleinsten Vermutung, betrogen zu werden.

V. Kein Vertrauen in Ihren Partner: Sie sind unsicher und durch Ihr Verhalten geben Sie Ihrem Partner das Gefühl, Sie würden ihm nicht vertrauen.

Wenn Sie sich in diesen Punkten wiedererkennen, wäre es empfehlenswert, sich Unterstützung von außen zu holen. Eine wichtige Unterstützung kann auch Ihr Partner sein.

WIE KANN IHR PARTNER SIE UN-TERSTÜTZEN?

Ich habe hier einen kleinen Tipp für Sie, wie Ihr Partner Sie unterstützen könnte. Kommunikation ist eines der wichtigsten Dinge, wenn nicht sogar das Wichtigste in einer Beziehung, deshalb:

Bitten Sie Ihren Partner um Verständnis, erklären Sie ihm, was Sie in diesem Ratgeber gelernt haben. Viele wissen einfach nicht, dass Eifersucht sehr viele verschiedene Gründe haben kann. Klären Sie Ihren Partner auf.

Fressen Sie Ihre Gefühle nicht in sich hinein und

reden Sie offen über Ihre Ängste, Ihren Ärger und Ihren Schmerz, ein Mensch, der Sie wirklich liebt, wird Sie deshalb nicht verurteilen. Auch jemand anderes kann Ihnen dabei gut zur Seite stehen, nämlich Sie selbst. Geben Sie sich mehr Mitgefühl anstatt Kritik. Es bedeutet, gegenüber sich selbst eine liebevolle Haltung einzunehmen und diese auch umzusetzen. Unterstützen Sie sich in schwierigen Zeiten, anstatt sich kleinzumachen.

WAS GEHÖRT ZU DEN MERKMA-LEN EINER GUT FUNKTIONIE-RENDEN BEZIEHUNG?

Zu einer guten Beziehung gehören die Besonderheiten jeder einzelnen Person – unsere Art. In eine Beziehung gehören gemeinsame Werte, die vielleicht von Anfang an bestehen oder sich mit der Zeit entwickeln können.

Das A und O wäre die Kommunikation, die ein sehr wichtiger Bestandteil in einer Partnerschaft ist. Es ist bedeutend, herauszufinden, was der Grund für die Beziehung ist – also ein gemeinsames „Wieso" und „Warum" zu finden.

In der Beziehung wird es Konflikte geben, das kann man nicht verhindern. Doch Sie sollten konstruktiv streiten, keiner von beiden sollte Vorwürfe machen oder beleidigend werden. Es ist wichtig klarzustellen, warum Sie gerade streiten, und Sie sollten zusammen einen Lösungsweg dafür finden. Gemeinsame Hobbys und Unternehmungen sind sehr wichtig, aber auch, dass beide Partner genug freien Raum haben. „... und mit dir fühlt es sich an, als wäre ich ‚ich‘ in jeden Moment, die beste Version meiner selbst. Auf einmal weiß ich, wer ich bin, genau hier gehöre ich hin. Es fühlt sich an, als öffnest du mir Augen und Türen.

Ich vertraue dir blind, weil ich es will, als hätte ich immer Rückenwind, alles macht irgendwie Sinn. Mit dir fühlt es sich an, als wären manche Menschen füreinander bestimmt." (ein Auszug aus „Kopf über den Wolken")

Eifersucht in Freundschaften

Wir haben im Schnitt zwei bis drei gute Freunde und die Mehrheit davon lernen wir in jungen Jahren kennen. Wenn alles gut läuft, bleibt die Freundschaft sogar ein Leben lang bestehen. Jedoch kommt es manchmal an einen Punkt, an dem die Wege sich trennen und man den Kontakt abbricht oder sich aus den Augen verliert.

Oft ist eine dritte Person der ausschlaggebende Punkt. Diese Eifersucht kann auch eine Prüfung sein, die die Beziehung stärkt – denn Eifersucht kann die

Freundschaft stärken, behaupten Wissenschaftler. Laut einer Studie, die im Journal of Personality and Social Psychology veröffentlicht wurde, wirken sich Freundschaften positiv auf die Gesundheit und Zufriedenheit aus. Freunde geben uns Unterstützung und Kraft in schweren Zeiten.

Besonders häufig taucht die Eifersucht bei einem neuen Partner der Freundin oder des Freundes auf. Wenn ein Freund einen weiteren Freund kennenlernt, löst das weniger Eifersucht aus als bei einem neuen Partner. Wenn man jedoch genug Zeit mit Freund und Partner verbringt, lässt die Eifersucht bei uns möglicherweise komplett nach. Die Eifersucht sprudelt hoch, sobald wir die Angst kriegen, ersetzt zu werden. Wenn Sie Eifersucht in einer Freundschaft empfinden, versuchen Sie, Ihren Freund oder Ihre Freundin zu kontrollieren. So setzen Sie alles daran, die Zeit des besten Freundes komplett für sich zu beanspruchen oder im Extremfall die Emotionen des Freundes zu manipulieren.

Wie in der Partnerschaft kann auch hier die Eifersucht ein Zeichen sein, dass etwas nicht stimmt. Den Grund dafür sollten Sie suchen – es muss nicht immer ein schlechtes Zeichen sein. Lassen Sie Ihre Emotionen die Freiheit, die diese benötigen, hören Sie in sich hinein und vertrauen Sie auf Ihre Intuition.

Bei der Eifersucht existieren mehrere verschiedene Arten und so gibt es auch unterschiedliche Auslöser für eine Eifersucht in zwischenmenschlichen Beziehungen, wie zum Beispiel in einer Freundschaft: Ein Grund könnte eine neue Freundschaft sein und dann könnte das Gefühl bei Ihnen entstehen, benachteiligt zu werden, oder Sie haben Angst, dass Ihre Freundschaft zerbrechen könnte.

Auch, wenn der beste Freund eine neue Partnerschaft eingeht, könnten wir Eifersucht entwickeln, weil wir den Partner unseres Freundes nicht mögen oder man unterbewusst selbst gern in einer festen Beziehung wäre. Aber auch bei so einer Situation kann in uns eine Angst entstehen, vernachlässigt zu werden.

Genau so könnten Sie auf greifbare Dinge oder Besonderheiten des besten Freundes oder der besten Freundin eifersüchtig sein. Zum Beispiel auf einen Gegenstand, denen Sie sich schon lange ersehnt haben, oder Sie könnten die Eigenschaft beneiden, dass Ihr Freund gut darin ist, mit anderen Menschen zu kommunizieren, oder auch schnell im Mittelpunkt steht und Sie sich dann wie Luft fühlen, als wären Sie nicht interessant genug.

Kann ich meine Eifersucht überwinden?

Um seine Eifersucht zu überwinden, sollte man das Kernproblem kennen und verstehen. Das ist bei jedem Menschen anders. Gerade, wenn man krankhaft eifersüchtig ist, geht es meist einher mit psychischen Problemen wie Depression oder Angst- und Zwangsstörung.

Oft führt ein zu niedriges Selbstwertgefühl zu Eifersucht, da man sich fragt, ob man überhaupt gut genug für seinen Partner ist.

Vielleicht fragen Sie sich nun „kann ich denn jetzt meine Eifersucht überwinden?

Ja. Nein. Vielleicht. Vielleicht ist die Frage nicht genau zu beantworten, ohne die Themen Selbstliebe, Selbstakzeptanz und Ansicht Ihrer Realität näher betrachtet zu haben.

Es ist wirklich so wichtig, dass Sie nett zu sich sind und sich selbst unterstützen.

„SELBSTLIEBE"

Das wird Ihnen nicht unbekannt vorkommen, aber was ist das überhaupt?

Eigentlich nichts, was Sie nicht schon auf andere Weise tun. Wahrscheinlich pflegen Sie Ihre Beziehungen zu anderen Menschen und kümmern sich um deren Bedürfnisse sowie Sie sich um alles andere in Ihrem Leben kümmern. Aber wann nehmen Sie sich die Zeit nur für sich? Wann sagen Sie sich, dass Sie liebevoll und schön sind? Sie arbeiten an der Beziehung zu sich selbst und mit der Selbstliebe behandeln Sie sich als einen liebenswerten Menschen.

Sagen Sie sich folgenden Satz vor oder gehen Sie ihn mehrmals gedanklich durch:

„Ich kümmere mich um mich selbst und meine

Gesundheit. Es ist mir wichtig, dass ich mich wohl-
fühle. Ich nehme mich auch an, wenn ich mal schlecht
drauf bin. Ich vertraue darauf, dass es auch wieder besser wird."

Seien Sie zuversichtlich und dankbar. Die Dankbarkeit löst ein wohliges Gefühl in uns aus. Fangen Sie
an, die kleinen Dinge zu lieben und Ihr Leben zu ro-
mantisieren.

5 Schritte, die Ihnen vielleicht dabei helfen:

1. Tun Sie es, sehen Sie es nicht als Pflicht oder Last.
Sie haben es verdient. Es ist Ihr Recht, auf sich achtzu-
geben und sich selbst zur Priorität Ihres Lebens zu machen.

2. Nehmen Sie viel mehr an, wie es ist, und lassen Sie
es einfach so sein. Die Welt dreht sich weiter und morgen wird ein neuer Tag sein.

3. Machen Sie sich nicht verrückt ...

4. Jeder Gedanke daran, sich mit sich selbst zu beschäf-
tigten und in sich hineinzuschauen, ist bereits Selbstliebe

5. Was können Sie sich Gutes tun? Hören Sie in sich
hinein.

Eine kleine, aber nützliche Übung, um einfach nur zu sein

... stellen Sie sicher, dass Sie für kurze Zeit ungestört sind, und setzen Sie sich bequem hin, egal wo, Hauptsache ist, dass Sie sich wohlfühlen. Lassen Sie Ihre Gedanken und Gefühle kommen und gehen. Lassen Sie los.

Vielleicht kommt für Sie auch Mediation oder Yoga für Sie infrage. Wenn Sie Lust darauf haben, probieren Sie es aus. Es geht darum, dass Sie alles tun, was Sie glücklich macht. Was auch immer in Ihrer Vergangenheit passiert ist, werden Sie sich über sich selbst und Ihre Bedürfnisse bewusst.

Loben Sie sich selbst. Schreiben Sie Dinge auf, die Sie an sich selbst mögen. Gehen Sie in der Natur spazieren. Hören Sie sich Mediationen an. Treiben Sie ein wenig Bewegung und Sport. Spüren Sie Ihren Körper.

Wenn Sie also merken, dass Sie öfter Eifersuchtsgefühle bei sich spüren und es auch deshalb Konflikte in Ihrer Partnerschaft gibt, ist es wichtig, an sich zu arbeiten. Es gibt ein paar Tipps, die ich Ihnen vorstellen möchte.

1. Seien Sie eigenständig. Es ist wichtig für, Sie eigenständig zu sein, das bedeutet, Sie sollen Ihre Ziele und

Hobbys verfolgen und das machen, was Ihnen Spaß und Freude bereitet. Verbringen Sie jeden Tag einige Zeit mit sich selbst.

2. Lassen Sie zu, dass Sie sich selbst Liebe schenken können. Lassen Sie alle negative Gefühle los und geben Sie sich Anerkennung und Selbstliebe – Sie verdienen das. Auch, wenn wir von außen gern Bestätigung bekommen, ist es viel wichtiger, dass sie von innen kommt.

3. Reflektieren Sie Ihr Verhalten. Nehmen Sie Ihre Gefühle wahr, achten Sie auf diese und versuchen Sie, bewusst zu überlegen, wie Ihr Verhalten die Partnerschaft und Ihren Partner beeinflusst.

4. Vertrauen Sie auf sich. Manchmal ist Eifersucht ein Warnsignal, dass etwas in der Beziehung fehlt. Also fragen Sie sich zum Beispiel:

• Sind Sie glücklich in Ihrer Beziehung?

• Verbringen Sie und Ihr Partner genug Zeit miteinander?

• Gibt Ihr Partner Ihnen das Gefühl, gesehen, geliebt und geschätzt zu werden?

Fangen Sie bei sich selbst an. Manchmal ist alles, was Sie von einer anderen Person möchten, eigentlich das, was Sie von sich selbst möchten – Liebe,

Unterstützung, jemand, der Ihnen Halt und Stärke gibt. Überlegen Sie: Wann haben Sie sich das alles selbst gegeben? Ihre wichtigste Beziehung sollte die zu sich selbst sein.

*„Manchmal zeigt sich der Weg erst,
wenn man anfängt, ihn zu gehen."*

Paulo Coelho

Wenn Sie anfangen, Ihr Leben zu lieben, wird es Ihnen Liebe zurückgeben. Je mehr Sie sich mit sich selbst beschäftigen, desto mehr distanzieren Sie sich von anderen. Und damit sind Sie keinesfalls allein – ja, ganz sicher, andere Menschen machen das auch. Trauen Sie sich, sich noch mehr mit sich zu beschäftigen, sich zu reflektieren und weiterzuentwickeln.

SELBSTWERTGEFÜHL STÄRKEN

Eifersucht lässt sich auf den Ausdruck einer großen Unsicherheit und Angst, dem Partner nicht mehr zu genügen, zurückführen. Diese Angst vor dem möglichen Vergleich ist die Folge eines geringen Selbstwertgefühls. Bestimmt kennen Sie es, täglich denken wir über unterschiedliche Dinge nach, das ist auch vollkommen normal und natürlich. Doch manchmal fangen uns unsere Gedanken, wir machen uns unnötige Sorgen und fallen in ein Gedankenkarussell; gerade in belastenden Situationen ist es durchaus wichtig, sich nicht von seinen Emotionen kontrollieren zu lassen, aber auch, wenn wir unsere Gefühle einfach wegstecken, verletzen wir uns selbst damit.

Führen Sie sich immer vor Augen, dass Ihre Gedanken nur Gedanken sind. Sie selbst erschaffen Ihre Gedanken. Lassen Sie Ihren Gedanken Raum, da zu sein, aber lassen Sie sie auch wieder weiterziehen. Sie heilen nicht durch die Erfahrungen, die Sie durchlebt haben. Sie heilen, indem Sie diese Erfahrungen reflektieren. Sie heilen, indem Sie in sich gehen, sich selbst akzeptieren und lieben, indem Sie Ihre emotionalen Wunden, Ihre Bedürfnisse und Ihre Intuition spüren – Sie lernen, sich selbst zu verstehen.

Eventuell durch Meditation, Journaling, Therapie oder eine Mischung aus all dem, egal, wie Sie Heilungsreise angehen. Wenn Sie immer so tun, als seien Sie nicht verletzt, können Sie letztendlich auch nicht heilen.

Negative Gedanken häufen sich. Wenn Sie sich für wertlos, dumm oder hässlich halten, trainieren Sie sich darauf, das Leben genauso zu sehen. Sie bleiben in diesen Gedanken hängen.

Irgendwann, vielleicht schon bald, erkennen Sie, dass Sie niemanden anderen brauchen, der Ihre Leere füllt. Ihr Herz hat genug Liebe, um Sie wieder zu füllen.

„Making mistakes along the way is natural, just make sure you're learning from them."

Eine Nachricht von einer Freundin hat mich nach einer Trennung sehr berührt:

„Weißt du, was dein Problem ist? Du bindest dich zu schnell. Und wenn du einmal so verbunden bist, tust du alles, was du kannst, um die Person glücklich zu machen. Es geht nie darum, was du brauchst und willst. Immer wieder stehen die Bedürfnisse anderer Menschen vor deinen eigenen. Du gibst den Menschen zu viele Chancen, die sie eigentlich nicht verdienen. Die anderen bekommen Macht über dich und dann bist du die Schwache, aber es ist dir egal, solange sie in deinem Leben sind. Und selbst, wenn die anderen dich wegschmeißen, bist du für sie da. Das bist du. Das ist, wer du bist.

Du fühlst dich mit jemandem verbunden und er erobert dein Herz und da wird immer ein Platz bleiben und das ist der Grund, warum es so schwer für dich ist, loszulassen."

Damals konnte ich wahre und ehrliche Worte nicht so auffassen wie heute. Manchmal habe ich Gut-Gemeintes als Kritik angenommen, mit der ich nicht umgehen konnte. Ich musste lernen, loszulassen und meinen eigenen Weg zu gehen, weil es niemanden gibt, auf den man sich verlassen kann und der mir den richtigen Weg zeigt.

Ich musste den Weg finden und ihn gehen, um zu verstehen, was in mir vorgeht und warum ich so viel Schmerz in mir trage. Es ist wie eine Reise, auf der man sich befindet – eine Reise, sich selbst neu lieben und kennenzulernen. Das Wichtigste, was ich gelernt habe, ist, dass es nicht wichtig ist, was andere über mich denken, und ich es keinem recht machen muss, außer mir selbst, denn es ist mein Leben und meine Entscheidung.

„ICH ENTSCHEIDE MICH, GLÜCKLICH ZU SEIN!" – entscheiden Sie sich dafür?

Geben Sie sich selbst das, was Sie in Ihr Leben ziehen möchten. Arbeiten Sie an sich, für sich. Wenn nicht jetzt, wann dann?

Verweilen Sie mit Ihren Gedanken nicht in der Vergangenheit, grübeln Sie nicht über die Zukunft. Bleiben Sie in der Gegenwart, im Hier und Jetzt, lassen Sie jeden Moment auf sich wirken, genießen Sie diese und werden Sie die Person, die Sie sein möchten. Es bringt Ihnen nichts, Vergangenes immer und wieder vor Ihrem inneren Auge abzuspielen. Es bringt gar nichts, außer dass Sie Ihre Gefühle wieder hochholen, und das lässt Sie sich verletzt und traurig fühlen. Nehmen Sie etwas aus Ihren schlechten Erfahrungen mit und reflektieren Sie Ihr Verhalten. Wenn Sie wissen, wieso Sie in bestimmten Situationen in Ihre alten Gewohnheiten fallen und Ihre Gefühle zu viel werden, um sie zu kontrollieren, wird Ihnen bewusst, was Sie ändern müssen, um jenes oder welches nicht mehr zu fühlen.

DINGE, DIE GLÜCKLICH MACHEN

...

Sonnenschein. Sonnenuntergang. Sonnenaufgang. Der Duft von Blumen. Tiere. Warme Duschen. Kalte Duschen. Schöne Kleidung. Freie Entscheidungen zu treffen. Musik. Familie. Freunde. Tiere. Besonders Hunde. Sommerregen. Meeresrauschen. Im Gras liegen. Barfuß am Strand laufen. Bücher und in andere Welten eintauchen. Erdbeeren pflücken. Schlafen. Lachen, ja so viel lachen, dass man keine Luft mehr bekommt. Leidenschaft. Nachts Auto zu fahren. Zu träumen, der

Fantasie freien Lauf zu lassen und sich alles so auszumalen, wie es einem gefällt.

Lange und tiefsinnige Telefonate. Komödien. Gespräche nach drei Uhr nachts. Laut Musik im Auto zu hören und mitzusingen. Wochenenden. Zeit in der Natur zu verbringen. Weihnachtsfilme. Urlaub. Kerzen. Vögeln beim Singen zuzuhören. Hunde zu streicheln. Sich von Zitaten inspirieren zu lassen. Leidenschaft. Grimassen zu schneiden. Die ersten Worte von Kindern. Kuchen zu backen. Sommernächte. Yoga. In die Sterne zu schauen. Komplimente zu machen und Komplimente zu bekommen. **UND SO VIELES MEHR**

DINGE, FÜR DIE WIR DANKBAR SEIN KÖNNEN ...

Zeit für sich allein. Lachen. Gesundheit. Liebe. Dein Bett. Ein warmes Zuhause. Frisches Brot. Selbstlose Menschen. Tee am Morgen/ Kaffee am Morgen. Familie. Freunde. Diesen Moment leben zu können ... Es gibt so viel mehr, wofür Sie Dankbarkeit empfinden können, und deshalb sollten Sie sich unbedingt mal dafür Zeit nehmen und wer weiß, vielleicht wird es zu einer tollen Routine.

Probieren Sie, Ihren Gedanken freien Lauf zu

lassen und aufzuschreiben, was Ihnen in diesem Moment einfällt. Dafür können Sie sich ruhig 10 Minuten Zeit nehmen. Dabei gibt es nichts, was falsch sein könnte.

Schreiben Sie sich inspirierende Zitate oder andere schöne Dinge auf. Es gibt nur Sie in diesem Moment und Sie dürfen gern auch Orte aufschreiben, an die Sie gern reisen wollen.

Ich kann Journaling sehr empfehlen – ich kann meine Gedanken und Gefühle festhalten und reflektiere meine inneren Erfahrungen. Anfangs war es schwer und mir fehlte auch die Motivation dazu. Sich selbst kritische Fragen zu stellen und so tief ins Innere zu gehen – wozu das Ganze? Es ist zwar ein wenig Arbeit, aber es lohnt sich. Selfcare-Fragen für Ihr Journal könnten sein „Was beschäftigt mich gerade?", „Was würde mich zufriedener machen?", „Wofür bin ich gerade dankbar?", „Worauf freue ich mich in den kommenden Tagen?", und „Was möchte ich morgen anders machen?"

Sie lernen, sich selbst zuzuhören und Ihre Gedanken weniger zu bewerten und dadurch, dass Sie sich mit Ihren Gefühlen und Gedanken auseinandersetzen, werden Sie achtsamer. Das Gefühl, etwas in der Hand zu haben und es selbst gestalten zu können, fördert nicht nur Ihre Kreativität, sondern auch Ihre Selbstverwirklichung.

ABSTAND NEHMEN ...

„Du lässt alles immer viel zu nah an dich heran", kennen Sie das? Abstand zu nehmen, fällt schwer. Dinge aus einer anderen und entfernten Perspektive zu betrachten und emotional Abstand zu nehmen, ist für die meisten schwer umzusetzen. Dabei hat dieser Ansatz verschiedene positive Effekte. Sie schaffen eine größere Distanz zwischen Ihren Emotionen und den Erlebnissen, im Großen und Ganzen sollen Sie sich weniger von negativen Erfahrungen beeinflussen lassen.

Abstand zu nehmen, ist eine Form einer Bewältigungsstrategie, ein Schutz, der Ihnen dabei helfen kann, mit schweren Situationen besser umzugehen und weniger darunter zu leiden.

> *„Ab und an sollte man eine Pause einlegen und sich von Menschen entfernen, die nur Kraft und Nerven kosten, Abstand von den vielen kleinen Kämpfen nehmen und Streitereien im Alltag und belanglosen Diskussionen distanzieren,*

um sich selbst wieder ein Stück näher-
zukommen." - Sinnwelt

Mit der Zeit werden alle unsere Wunden geheilt, nicht wahr? Ja, aber wenn Sie Ihre Wunde ständig berühren, wird sie nicht heilen können. Es ist, als hätten Sie sich verletzt– wahrscheinlich kümmern Sie sich um die Verletzung und nach der Zeit lässt der Schmerz auch wieder nach und Sie vergessen es. Ihre Wunde heilt. Aber wie ist das bei emotionalem Schmerz und wieso gelingt uns das dort nicht so leicht? Auch diese Wunden müssen wir annehmen, akzeptieren und versorgen. Wenn wir das schaffen, dann können wir loslassen. Es bleibt bei uns und unserer Einstellung, wie wir damit umgehen.

„Es geht darum, von innen heraus zu
heilen."

AnnaLynne McCord

POSITIVE GLAUBENSSÄTZE

Ich gönne es mir, mich zu amüsieren.

Alles, was ich durchmache, bewirkt etwas Wertvolles in mir.

Ich zeige Liebe und Wertschätzung, indem ich das

Beste werde, was ich sein kann.

Ich bin mehr als meine Fehler, ich bin auch meine Stärken.

Ich weiß, dass wahre Liebe im Inneren beginnt.

Ich gönne mir Frieden.

Ich wachse jeden Tag zu einer besseren Version meines Selbst heran.

Ich umgebe mich mit positiven Menschen.

Ich habe es verdient, glücklich zu sein.
Alle Sorgen und Ängste verlassen meinen Kopf und schaffen Raum für Ruhe und Frieden.

Ich habe Frieden in mir gefunden.

Ich erschaffe das Leben, das ich zu leben verdiene.

Ich bin stolz auf mich.

Ich arbeite daran, bessere Gewohnheiten zu entwickeln.

Ich bin bereit, glücklich zu sein.

Ich finde immer einen Grund zum Lächeln.

Ich bin für meine Gefühle selbst verantwortlich und heute entscheide ich mich dafür, glücklich zu sein.

Ich werde meine Ziele erreichen.

Die Vergangenheit ist vorbei.

Ich werde nicht mehr länger darüber nachdenken, wie das Heute sein sollte, und akzeptieren, dass es unvollkommen ist.

Positives Denken ist eine Entscheidung, die ich treffe.

Ich erlaube mir, glücklich zu sein.

Ich bin zufrieden mit dem, was ich bin, und ich liebe mich so, wie ich werde.

Ich habe das Zeug dazu.

Ich lasse alle meine Gedanken los, die mir nicht mehr dienlich sind.

Gutes kommt zu mir.

Meine Handlungen zeigen anderen, dass ich sie wertschätze und dass sie mir wichtig sind.

Ich weiß, dass schwierige Zeiten nur vorübergehend sind.

Ich bin stärker als meine Ängste.

Meine Möglichkeiten sind grenzenlos.

Die Vergangenheit ist vorbei und ich mache weiter.

Alle Gefühle sind in Ordnung.

Ich fühle mich wohl, so zu sein, wie ich bin.

Ich nehme neue und bessere Lebensweisen an.

Ich verdiene Liebe und Zuneigung.

Ich bin liebenswert.

Mein Kopf wird klar und ich habe die Kontrolle.

Ich kann Fehler machen, aber ich kann mich davon erholen und weitermachen.

Ich bin ruhig, selbstbewusst und kraftvoll.

Ich finde meinen Wert in dem, was in meinen Herzen ist.

Ich schaffe das.

Ich bin bereit, die beste Version von mir selbst zu werden.

Ich bin dankbar für alle Menschen, die sich um mich kümmern.
Ich spüre das Glück in mir.

Ich trage all die Liebe in mir, die ich brauche.

Meine Handlungen können einen Unterschied in der Welt machen.

Ich bin bereit, jetzt glücklich zu sein.

Ich kann in jeder Situation Positives entdecken.

Ich arbeite ständig an mir, um ein besserer Mensch zu werden.

Ich bin dankbar für alles, was ich bereits in meinem Leben habe.

Ich bin damit zufrieden, wo ich stehe.

Ich übe jeden Tag Glück.

Ich entscheide mich, zu atmen, zu vertrauen und loszulassen.

Es ist nur ein Gedanke und ein Gedanke kann verändert werden.

Ich spüre Fülle um mich herum.

Ich erlaube mir, jede Zelle meines Seins tief zu spüren.

Ich lerne aus meinen Fehlern.

Ich bin ein guter Mensch und verdiene Gutes.

Ich werde freundliche Gedanken und Worte über mich selbst äußern.

Ich bin bereit, mich zu ändern und zu wachsen,

Ich bin gut genug.

Ich ziehe positive und gesunde Beziehungen an.

Ich steuere meine Gedanken und heute werden meine

EIFERSUCHT

Gedanken frei, glücklich und positiv sein.

Ich bin stolz auf mich, dass ich es versucht habe.

Die einzige Person, mit der ich mich vergleiche, ist die Person, die ich gestern war.

Ich bin stets zur richtigen Zeit am richtigen Ort.

Ich bin nett zu mir.

Ich erlaube es mir, jeden Moment zu genießen.

Ich verbessere mich jeden Tag in Körper, Seele und Geist.

Ich entscheide mich, einen Weg voller Freude und Liebe zu gehen.

Mein Leben der Freude beginnt jetzt.

Ich tue mein Bestes und das ist wundervoll.

Während ich mein Leben ordne, befreie ich mich, um den Rufen meiner Seele zu entsprechen.

Ich werde mich stolz machen.

Ich bin stärker als meine Probleme.

Ich stimme für die Liebe.

Ich fühle mich jeden Tag dankbar.

Meine Ideen und Gefühle sind wichtig.

Meine Familie und Freunde lieben mich so, wie ich bin.

Ich glaube an mich.

Mein Leben hat einen Sinn.

Ich öffne mich der Freude, dem Vergnügen und dem Spaß.

Ich bin schön.

Ich liebe meinen Körper.

Ich vertraue darauf, dass ich jetzt genau dort bin, wo ich sein sollte.

Ich gebe meine alten Gewohnheiten auf und nehme neue positive auf.

Ich bin voller Hoffnung und frei von Sorgen.

Ich bin dankbar für all die Unterstützung um mich herum.

Ich kann leicht etwas ändern, wenn ich möchte.

Ich bin entschlossen, meine Seele und meinen Geist und die Dinge anders zu sehen.

Ich erbaue mir meine Zukunft.

Das Verlassen meiner Komfortzone ist für das Wachstum notwendig.

EIFERSUCHT

Ich kann mich entscheiden, den Menschen um mich herum Freude zu bereiten.

Ich verdiene es, geliebt zu werden.

Ich habe schon Herausforderungen gemeistert und kann es wieder tun.

Ich ziehe nur das Beste in meinem Leben an, weil ich glaube, dass ich das Beste verdiene.

Ich verdiene es, ein glückliches Leben zu führen.

Jedes Problem hat eine Antwort.

Was auch immer ich mir vorgenommen habe, werde ich erreichen.

Ich bin so dankbar für die Liebe in meinen Leben.

Ich schätze und liebe mich selbst.

Woher kommen negative Glaubenssätze?

Glaubenssätze haben Ihren Ursprung häufig im Kindesalter und die negative Wirkung dieser Sätze entfaltet sich dann meistens im Erwachsenenalter.

Jenes, was wir glauben und wie wir unsere Welt erschaffen, entsteht durch unsere Überzeugungen. Als Beispiel wären negative Glaubenssätze wie „Ich bin nicht richtig, wie ich bin", „Ich genüge nicht", „Ich werde niemals glücklich werden", oder „Ich bin es nicht wert, geliebt zu werden". Diese eingebrannten Glaubensmuster wirken sich auf unsere emotionale Gesundheit schädlich aus. Wenn Sie Ihre negativen Glaubenssätze herausfinden und diese in positive Glaubenssätze umwandeln, können Sie sich glücklicher, leichter und selbstbewusster fühlen.

Uns prägen unsere eigenen inneren Überzeugungen sowie unsere Meinung und die Einstellung zum Leben. Wir halten daran fest und halten diese für wahr. All das hat Einfluss auf unsere Ansicht vom Leben und der ganzen Welt. Unser Umfeld beeinflusst uns – Freunde, Schule und am meisten unsere Eltern.

Haben Sie in Ihrer Kindheit oft so etwas gehört wie „Du kannst das nicht" oder „Andere haben das aber besser gemacht", werden Sie diese Glaubenssätze auch weiterhin als Erwachsener haben. Die **Glaubenssätze oder auch unsere inneren Überzeugungen sind die Richtlinien, die darüber entscheiden, wie Sie das Leben wahrnehmen und darüber denken. Und am meisten, was Sie über sich selbst, andere Menschen und Beziehungen halten.**

Wir spiegeln wider, was wir außerhalb wahrnehmen. Das bedeutet, dass wir die Welt nicht immer so glasklar sehen können, wie sie eigentlich ist, sondern wir sehen die Welt mit unseren Werten. Also wenn uns ein Mensch oder eine Situation triggert, ist der verletzende Glaubenssatz die eigentliche Ursache und meistens eben nicht der Mensch oder die Situation das, was Ursache unserer schmerzhaften Gefühle ausgelöst hat. Viele Menschen empfinden es als befreiend, Ihre negativen Glaubenssätze aufzulösen.

Positive Glaubenssätze helfen Ihnen, Kraft zu sammeln, Sie zu ermutigen, Ihr Selbstbewusstsein zu stärken und Sie in schwierigen Zeiten zu unterstützen.

Blockierend und hemmend wirken sich die negativ geprägten Glaubenssätze auf uns aus. Sie schwächen Ihre Selbstachtung, bewirken negative Emotionen in uns und sind öfter ein Beweggrund für Konflikte in **zwischenmenschlichen Bindungen**. Es ist deshalb sehr wichtig, diese **eingeprägten Muster zu erkennen**, mit denen wir uns selbst sehr schaden. Es ist die Bedingung dafür, um negative Glaubenssätze zu lösen.

Im Folgenden zeige ich Ihnen negative Glaubenssätze und dazu den neuen positiven Glaubenssatz, den Sie sich stattdessen sagen können:

‚Niemand liebt mich‘ wird zu ‚Ich werde geliebt‘.
‚Ich falle allen zur Last‘ wird zu ‚Ich bin liebenswert‘.

‚Ich bin zu nichts fähig' wird zu ‚Ich kann alles erreichen'.

‚Ich bin nicht liebenswert' wird zu ‚Ich habe Liebe verdient und wundervolle Menschen lieben mich, so wie ich bin'.

‚Ich bin nicht richtig so, wie ich bin' wird zu ‚Ich bin genau richtig so, wie ich bin'.

‚Ich bin ein Versager' wird zu ‚Ich kriege das hin'.

Haben Sie Geduld mit sich und beobachten Sie stets Ihr Denken und Handeln. Es ist schwer und kostet Kraft, die tief verwurzelten Überzeugungen aus der Kindheit loszulassen und in neue zu verwandeln.

Eltern, Erzieher, Lehrer, Freunde, Partner und auch unser soziales Umfeld haben Einfluss auf unsere Glaubenssätze.

Waren Ihre Eltern in Ihrer Kindheit beispielsweise überfordert und gestresst und konnten Ihnen deshalb nicht genug Aufmerksamkeit und Liebe schenken, sind dabei wahrscheinlich folgende Glaubenssätze entstanden:

„Ich bin nicht richtig."
„Ich bin nicht liebenswert."
„Ich muss etwas tun, um geliebt zu werden."

„Ich bin nicht gut genug."

Sie sind richtig, wie Sie sind, und genauso sind Sie liebenswert. Als Kind verstehen wir oft noch nicht, dass die Aufmerksamkeit der Eltern auch woanders ist, und wenn wir unsere Eltern gestresst oder traurig sehen, denken wir, dass wir daran schuld wären. Wir sind einfach noch zu klein gewesen, um zu verstehen, warum unsere Mutter traurig oder gestresst war. Kinder sollten auch damit nicht belastet werden, sie sind in ihrer Entwicklung einfach noch nicht so weit, um sich damit richtig auseinanderzusetzen.

Modell in der Verhaltenstherapie

In der Verhaltenstherapie gibt es ein Schema nach einem Modell. Es gibt das verletzte Kind, den Eltern-Modus und die Bewältigungsstrategien.

Der Betroffene erinnert sich zurück an eine bestimmte Situation, die ihn beispielsweise überfordert hat, und wird einmal zu dem „verletzten Kind", dessen Gefühle verletzt wurden und das sich ängstlich oder einsam fühlt. Es sind die Gefühle, die wir in der Situation gefühlt haben.

Der „Eltern-Modus" beschreibt einen „inneren Kritiker", der durch frühere Verhaltensweisen der

Eltern oder anderer Bezugspersonen wie Großeltern oder Lehrer verinnerlicht wurde und die negativen Glaubenssätze verstärkt, einfach dadurch, weil der „innere Kritiker" das Verhalten der früheren Bezugspersonen widerspiegelt. Die Eltern-Modi sind quasi wie innere Stimmen, also unsere Gedanken. In der Therapie spricht man dann auch oft vom inneren Kritiker, der uns unsere negativen Glaubenssätze an den Kopf wirft.

Wenn es zwischen den verschiedenen „Modi" zu inneren Konflikten und Anspannungen kommt, können unsere Gefühle Achterbahn spielen. Ein Beispiel aus einer Schematherapie: „Wir denken, dass eine Aufgabe sofort und perfekt erledigt werden muss, während das verletzbare Kind sich überfordert fühlt und dazu neigt, die Aufgabe vor sich herzuschieben." In Situationen, in denen wir überfordert sind, reagieren wir mit Bewältigungsstrategien, um uns zu schützen. Es gibt drei Kategorien Unterordnung, Vermeidung (dies wäre dann, die Aufgabe vor sich herzuschieben) oder Kampf. Dadurch, dass unsere Modi im Konflikt stehen, fallen wir in alte Muster, um dem inneren Konflikt zu entkommen. Wir können unseren gesunden Erwachsenen-Modus nicht wahrnehmen, da wir schon viel zu tief in unserer Gefühlswelt sind.

Der gesunde Erwachsene kümmert sich um Sie und Sie beginnen, Ihre eigenen Gefühle und Bedürfnisse wahrzunehmen und kümmern sich darum, dass Ihre Bedürfnisse gehört werden. Das sind zum Beispiel Dinge wie sich selbst zu reflektieren, eine Routine aufzubauen oder auch Ihre ersetzten Glaubenssätze, die Sie sich sagen, um nicht zu tief in den emotionalen Konflikt zu geraten.

Warum ist glücklich zu sein so schwer?

Sie haben Ihr Glück selbst in der Hand und ja, Sie allein können sich dazu entscheiden, glücklich zu sein.

Vielleicht vergleichen Sie sich zu viel mit anderen, Sie empfinden keine Dankbarkeit für die Dinge, die Sie schon in Ihrem Leben haben, oder vielleicht hängen Sie an der Vergangenheit oder haben zu große Angst vor der Zukunft – das können Gründe sein, wodurch Sie sich nicht glücklich fühlen.

Vergleichen Sie sich ständig mit anderen, wird Sie das auf Dauer unzufrieden machen. Seien Sie sich stattdessen bewusst, dass wir nicht wissen können, was eine Person durchmacht und ob das, was sie zeigt, auch in Wahrheit so ist. Auch ein Leben, welches perfekt scheint, hat seine Schwierigkeiten.

Also fokussieren Sie sich auf sich selbst und Ihre ganz persönlichen Eigenschaften und Besonderheiten werden Sie immer weiter entfalten.

Letztendlich zählen nur Sie selbst und das, worauf Sie Ihre Gedanken lenken. Okay, das letzte Mal, als Sie Mut bewiesen haben, waren Sie nicht erfolgreich, mit dem, was Sie sich erhofft haben. Soll das bedeuten, dass Sie es dieses Mal wieder nicht sein werden? – Nein. Versuchen Sie, sich von der Angst abzuwenden. Mehr als 60.000 Gedanken kommen und gehen täglich in unserem Kopf und mehr als die Hälfte davon verbringen wir in der Vergangenheit. Obwohl Sie diese Gedanken auch für sich im Hier und Jetzt nutzen könnten, indem Sie sich von Ihren negativen Glaubenssätzen lösen.

Fangen Sie an, Ihr Leben zu genießen, und lernen Sie, in der gegenwärtigen Zeit zu sein. Zerbrechen Sie sich Ihren Kopf nicht über Vergangenes und nicht über die Zukunft, denn Ihr Körper und Ihr Geist können nur im Hier und Jetzt existieren. Natürlich ist es in gewissen Situationen wichtig, auch vorauszusehen, aber bleiben Sie trotzdem in der Gegenwart und treffen Sie Entscheidungen nicht aus Ängsten. Später werden Sie vielleicht traurig darüber sein, dass Sie die schönen Momente nicht voll und ganz gefühlt zu haben, weil Sie im Inneren in der Vergangenheit oder der Zukunft gefangen waren. Verschiedene Studien sind sich in Ihren Ergebnissen einig, dass die wichtigsten Faktoren für ein glückliches Leben nichts mit Materiellem zu tun haben. Es sind Dinge wie eine gute Gesundheit, also achten Sie sowohl auf Ihre physische als auch auf Ihre psychische Gesundheit. Auch gute Beziehungen und soziale Begegnung haben Einfluss auf Ihr Glück – pflegen Sie Ihre Beziehungen. Wenn Sie sich frei und unabhängig fühlen und Sie wissen, dass Sie Ihr Leben nach Ihren Wünschen gestalten können, macht es Sie glücklich.

Wahrscheinlich verbringen Sie Ihre meiste Zeit mit dem Arbeiten, eine 40-Stunden-Woche ist da nicht ungewöhnlich. Deshalb ist es umso wichtiger, dass Sie sich in Ihrem Büro wohlfühlen und Ihre Tätigkeit Ihnen Freude bereitet. Ein wichtiger Teil ist auch Ihre innere Haltung – Dankbarkeit, Optimismus, Ihre Grundhaltung. Diese Dinge geben Ihnen ebenfalls

Zufriedenheit.

„Glück entsteht oft durch Aufmerk-
samkeit in kleinen Dingen, Unglück
oft durch Vernachlässigung kleiner
Dinge."
Wilhelm Busch

Wissen Sie, es wird niemand an Ihre Tür klopfen und sagen „Hey, hier ist dein neues, glückliches Ich. Bitte schön!" Ihre neue Version von sich selbst, die sind Sie schon. Der einzige Unterschied besteht darin, dass Ihre Gedanken und Ihre Überzeugung neu sind. Um herauszufinden, wer Sie sind und wer Sie sein wollen, sollten Sie sich genügend Zeit nehmen. Geben Sie sich selbst die Akzeptanz, die beste Version von sich selbst zu sein. Alles andere wird sich ergeben. Haben Sie Vertrauen.

„Angst, Wut, Groll und Stress sind
Gifte, die du erschaffst. Wenn du das
Kommando übernimmst, kannst du
eine Chemie der Glückseligkeit in dir
selbst erschaffen."

Sadguru

Fassen wir noch mal zusammen

Eifersucht kann die Harmonie in einer Beziehung kaputt machen und möglicherweise auch zu dem Ende der Beziehung führen. Trotzdem kann die Eifersucht ein Zeichen für Sie sein, dass Sie etwas verändern müssen, denn die Eifersucht kann Ihnen helfen, sich besser kennenzulernen.

Verstehen Sie Ihre Emotionen. Eifersucht ist eine facettenreiche Emotion, die viele andere Emotionen beinhalten kann wie zum Beispiel: Angst, Verlust, Wut, Neid, Trauer …

Wenn Sie eifersüchtig sind, sollten Sie verstehen,

dass Sie viele andere Emotionen erleben, mit Verbindung zur Eifersucht. Nehmen Sie sich etwas Zeit, um über Ihre Gefühle nachzudenken.

• Erfassen Sie Ihre verschiedenen Emotionen, die in Ihnen auftauchen, und notieren Sie sich, wie Sie sich fühlen. Nehmen Sie Situationen, in denen Sie eifersüchtig reagiert haben, und versuchen Sie, diese zu analysieren.

• Achten Sie auf Ihren Körper und wie er die Emotionen wahrnimmt. Angst zeigt sich manchmal als einengendes Gefühl in der Brust und im Magen. Wut zum Beispiel zeigt sich oft als brennendes Gefühl im Kopf und in den Armen oder auch durch große Anspannung, als würde man gleich platzen.

Dann müssen Sie Ihre Gefühle in den Griff bekommen. Hört sich doof an, aber Sie müssen lernen, Ihre Gefühle zu hinterfragen, und wenn Sie beginnen, den Grund Ihrer Eifersucht zu hinterfragen, können Sie anfangen, weitere Schritte zu gehen. Bekämpfen Sie Ihre Eifersucht an den Wurzeln. Sich selbst einzugestehen, dass man negative Gefühle hat, ist schwer und es ist nun mal leichter, jemand anderem die Schuld für seine Unzufriedenheit zu geben.

Vermeiden Sie das, indem Sie Ihre Gefühle und die

auftretende Eifersucht zu verstehen versuchen und versuchen Sie gar nicht erst, sie zu verurteilen. Denken Sie darüber nach, wodurch Ihre Eifersucht entstanden ist – vielleicht in der Kindheit oder in einer früheren Beziehung. Ihr Partner hat eine gute Freundin und Sie sind rasend vor Eifersucht, aber jetzt überlegen wir mal kurz, woher das kommen könnte. Überlegen Sie sich, wie Sie Ihre Emotion in einem Satz einfangen könnten. Vielleicht haben Sie Angst, Ihren Partner zu verlieren, weil Sie bereits einmal einen Partner auf diese Weise verloren haben, und Sie empfinden Trauer bei dem Gedanken an den Verlust.

• Schreiben Sie Erinnerungen und Ereignisse auf, die diese Gefühle verstärkt haben könnten. Beispielsweise haben Sie das Gefühl, nicht liebenswert zu sein, weil Sie von Ihrem Vater, Ihrer Mutter oder anderen wichtigen Bezugspersonen vernachlässigt wurden.

Entscheiden Sie sich dazu, zu glauben und zu vertrauen. Entscheiden Sie sich für Vertrauen, anstatt Ihren Mitmenschen ständig zu misstrauen. Vertrauen Sie, solange es keinen sicheren Beweis dafür gibt, dass Ihr Partner Sie betrügt oder anlügt. Reden Sie mit Ihrem Partner und versuchen Sie nicht, hinter seinem Rücken nach Beweisen zu suchen.

Die Eifersucht kann einen viel größeren Schaden verursachen, wenn Sie Ihre Gefühle in sich hineinfressen und nicht darüber reden. Entschuldigen Sie sich, wenn Sie zu weit gegangen sind, und erklären Sie Ihrem Partner, was in Ihnen vorgeht.

Wichtig ist einfach, dass Sie zu Ihren Ängsten stehen und dass Sie beide offen mit Ihren Gefühlen umgehen. Reden Sie offen über Ihre Eifersucht. Ihre wahren Gefühle mit einer vertrauten Person zu teilen, kann Ihre Beziehung stärken. Es bietet der Person auch die Möglichkeit, Sie darauf hinzuweisen, dass Sie von Eifersucht getriebene Bedingungen stellen. Ja, vielleicht machen Sie sich ein Stück weit verwundbar, wenn Sie Ihre Eifersucht eingestehen, doch Beziehungen brauchen Ehrlichkeit. Trauen Sie sich, ehrlich zu sein.

Wenn Sie Ihre Emotionen nicht selbst kontrollieren können oder sich zu machtlos fühlen, holen Sie sich unbedingt Hilfe.

Lernen Sie den Unterschied zwischen Liebe und Eifersucht. Eifersucht ist keine Liebe und Eifersucht zu empfinden, ist kein Liebesbeweis. Einige Menschen denken, dass die Eifersucht wegen der Liebe entsteht, dabei entsteht sie durch unsere innere Unsicherheit.

Nehmen Sie ein paar tiefe Atemzüge, wenn die Eifersucht beginnt. Beruhigen Sie sich und atmen Sie fünf Sekunden lang tief durch die Nase ein und dann langsam durch den Mund aus. Probieren Sie es aus und machen Sie es so lange, bis Sie ruhiger werden. Vermeiden Sie Kritik. Wenn man eifersüchtig ist, passiert es schnell mal, dass wir dazu neigen, andere zu beschimpfen oder zu versuchen, ihre Erfolge schlecht zu machen.

So etwas zeigt Unsicherheit und gibt den anderen ein schlechtes Gefühl. Vermeiden Sie Kritik gegenüber anderen und genau so auch gegenüber sich selbst. Konzentrieren Sie sich weniger darauf, was andere tun, konzentrieren Sie sich auf Ihr Leben. Nehmen Sie sich die Zeit und schreiben Sie zum Beispiel Dinge auf, die Sie gut können. Denken Sie daran, wofür Sie dankbar sind – dadurch schätzen Sie mehr, was Sie haben, und so kann sich Ihre Eifersucht verringern. Nutzen Sie Ihre Eifersucht als Motivation, um das Beste aus sich herauszuholen. Setzen Sie sich Ziele, die Sie im Leben erlangen möchten.

Wenn Ihnen Ihre Gedanken mal wieder zu viel werden, reicht es manchmal aus, für eine Weile etwas anderes zu machen. Entscheiden Sie sich für etwas, das Ihnen ein gutes Gefühl gibt, wie zum Beispiel Sport, Schreiben, Lesen oder Kochen – Hauptsache, Sie haben ein gutes Gefühl dabei.

Vielleicht haben Ihre Gedanken sich mal wieder an einem negativen Glaubenssatz aufgehängt und Sie können einfach nicht aufhören, sich Vorwürfe zu machen. Also: Anstatt immer wieder über Ihren Fehler nachzudenken, sollten Sie versuchen, die negativen Gedanken in positive Gedanken zu verwandeln.

Haben Sie Geduld mit sich selbst, seinen Sie rücksichtsvoll und liebevoll zu sich selbst. Eine Veränderung kommt nicht einfach so, sie braucht Zeit und es ist vollkommen okay, sich diese Zeit zu nehmen. Wenn wir negative Gefühle haben, neigen wir oft dazu, sie mit negativen Reaktionen weiter zu bestärken. Das heißt, wenn Sie sich traurig oder einsam fühlen und sich deshalb zurückziehen, erschaffen Sie noch mehr Traurigkeit und Einsamkeit. Um zu versuchen, diese Gefühle loszuwerden, sollten Sie etwas unternehmen, sich mit Freunden treffen oder einen Tag mit der Familie verbringen. Tun Sie die Dinge, die positive Gefühle in Ihnen auslösen. Unangenehme Gefühle sind nicht immer zu verhindern und es ist auch nicht möglich, nur positive Gedanken zu haben. Das ist okay, aber dann, wenn Sie sich so fühlen, sollten Sie mit einer Art und Weise damit umgehen, die Ihre Gefühle nicht noch verstärkt.

Lenken Sie sich ab, um besser mit den

unangenehmen Gefühlen umzugehen.

• Beschäftigen Sie sich mit Hobbys wie Zeichnen oder Kochen.

• Tun Sie etwas, was in Ihnen positive Emotionen hervorruft. Schauen Sie einen witzigen Film oder lesen Sie ein neues Buch, auch Podcasts oder YouTubes-Videos können Sie ablenken.

• Vermeiden Sie unangenehme Situationen und wenn Ihnen eine Situation zu viel wird, verlassen Sie die Situation und gehen Sie kurz an die frische Luft.

• Planen Sie schöne Dinge, die Sie schon immer mal machen wollten.

• Lenken Sie sich durch Ihre Sinne ab, zum Beispiel, indem Sie einen Eiswürfel kurz in den Mund nehmen, an etwas Unangenehmem riechen oder kalt duschen.

Finden Sie einen Weg, sich im Hier und Jetzt wohlzufühlen. Dabei kann Ihnen Meditation oder auch Yoga helfen, das entspannt Sie. Ermutigen Sie sich selbst. Sie sind stärker, als Sie glauben, und Sie unternehmen etwas gegen Ihren Schmerz, was ein sehr großer Schritt ist.

Sich selbst zu lieben, fällt vielen Menschen schwer. Sie sehen meistens nur ihre Fehler und Makel. Daraus folgen hohen Erwartungen an sich selbst und

Vergleiche mit anderen Menschen, was das Ganze nicht leichter macht. Wie soll man so lernen, sich zu lieben und sich selbst in einem positiven Licht zu sehen, sich zu akzeptieren und anzunehmen?

Gut zu wissen: „Selbstliebe lässt sich lernen, aber ganz so einfach ist das leider nicht, denn oft ist das schlechte Bild, das wir von uns haben, tief in uns verwurzelt und antrainiert." Lassen Sie Selbstliebe zu und sagen Sie sich „Ich bin gut so, wie ich bin."

Akzeptieren Sie sich, Ihre Gefühle und Gedanken. Loben Sie sich selbst und das regelmäßig. Sprechen Sie positiv von sich selbst und seien Sie dankbar für alles. Schätzen Sie Ihren Körper und hören Sie nie auf, an sich zu arbeiten. Nehmen Sie sich regelmäßig Zeit für sich selbst. Seien Sie barmherzig und das vor allem zu sich. Glauben Sie daran, dass Sie alles schaffen können, und notieren Sie sich Ihre Erfolge, egal, wie klein sie sind.

Eine simple Methode zur Selbstliebe: Bedanken Sie sich häufiger, seien Sie dankbar. Nicht nur für die Dinge, die Sie bereits haben, sondern vor allem für sich selbst. Haben Sie den Hausputz gemacht? Haben Sie eine wichtige Entscheidung getroffen? Ja? Dann bedanken Sie sich bei sich selbst, um den positiven Eindruck noch zu erhöhen. Sie merken, dass Sie Positives tun, und das wird Ihre negativen Gedanken zurückstellen. Selbstliebe bedeutet auch, auf seine eigenen Bedürfnisse Rücksicht zu nehmen und sie zu respektieren, also quälen Sie sich nicht. Sie sind erschöpft? Dann machen Sie eine entspannte Pause. Sie fühlen sich schwach oder krank?

Dann zwingen Sie sich nicht dazu, dass Sie alle Aufgaben für den Tag fertig machen müssen. Behandeln Sie sich selbst besser, Tag für Tag und Schritt für Schritt. Ein etwas schwieriger Schritt ist, Ihre Fehler zu akzeptieren. Es ist nicht schlimm, Fehler zu machen, jeder macht Fehler.

Es ist menschlich, deshalb beschäftigen Sie sich lieber mit Ihren Stärken und verurteilen Sie sich nicht, wenn mal etwas schiefläuft. Sie wachen nicht auf und lieben sich auf einmal selbst. Die Selbstliebe und das Umdenken dabei nehmen Zeit in Anspruch und es ist wichtig, dass Sie sich diese Zeit geben und immer weiter an sich arbeiten. Lassen Sie Ihre negativen Denkmuster immer mehr los und versuchen Sie, diese in positive Glaubenssätze umzuwandeln.

Durch Selbstliebe werden Sie merken, wie Sie anders mit Ihren Mitmenschen umgehen. Also beispielsweise sind Sie unzufrieden mit sich selbst, dann fangen Sie automatisch an, es an anderen herauszulassen.

Wenn Sie sich stattdessen selbst mögen, gehen Sie dementsprechend offener, freundlicher und positiver mit sich und Ihren Mitmenschen um. Fehler, Probleme, Kritik und viele andere Einflüsse, die zum Leben einfach dazu gehören, lassen uns zweifeln. Doch die Selbstliebe hilft dabei, auf die richtige Weise damit umzugehen, daraus zu lernen und daran zu wachsen und das ohne Schuldzuweisungen oder überhaupt ans Aufgeben gedacht zu haben.

Haben Sie sich schon einmal im Spiegel angeschaut, sich in die Augen geschaut, in Ihr Gesicht oder Ihren Körper begutachtet und sich selbst dabei gesagt „Ich liebe und akzeptiere mich so, wie ich bin"? Nein? Und wahrscheinlich würden Sie zögern, das über sich selbst zu sagen, oder? Sehen Sie, genau das spricht für eine mangelnde Selbstliebe. **Sie sind ein wunderschöner und liebenswerter Mensch, nur müssen Sie das auch noch selbst erkennen.**

Fehlende Selbstliebe hat auch Auswirkungen auf unsere Beziehung, denn wenn wir uns selbst nichts wert sind, führt das zu einer inneren Unausgeglichenheit, die wir dann gern an anderen Personen auslassen, und so sind Streitereien hier vorprogrammiert. Wenn wir hingegen mit uns selbst im Frieden sind, dann sind wir auch freundlicher gegenüber unseren

Mitmenschen und lassen uns von Kleinigkeiten nicht so leicht verletzen.

Und ja, wie Sie schon gelernt haben, hat eine fehlende Selbstliebe Einfluss auf die Eifersucht in einer Beziehung. Dadurch, dass Sie sich nicht selbst lieben, fällt es Ihnen schwer, andere zu lieben und auch Ihre Liebe zu zeigen, **gleichzeitig können Sie schwer die Liebe Ihres Partners annehmen. „Warum sollte mich auch jemand lieben?", denken Sie sich. Es fällt Ihnen schwer, weil Sie glauben, es gibt keine Gründe, Sie zu lieben, da Sie selbst keine Gründe dafür sehen. Ihre fehlende Selbstliebe kann zu emotionaler Abhängigkeit führen. Wir alle brauchen Liebe, es ist ein menschliches Bedürfnis, und wenn uns jemand diese Liebe schenkt, die wir uns nicht selbst geben können, werden wir von dieser Person abhängig und denken, dass wir ohne sie nicht mehr sein können und dass diese Person unsere Chance auf Glück sei. Das ist aber nicht so, Sie sind Ihre Chance auf Glück und Sie haben sich selbst ... das ist alles, was Sie brauchen.**

Sie wirken sympathischer und haben eine natürlichere und hoffnungsvollere Ausstrahlung, wenn Sie anfangen, sich selbst zu lieben. Sie sind im Reinen mit sich selbst und das spüren Ihre

Mitmenschen um Sie herum auch.

Es ist also essenziell, wenn Sie Ihre Eifersucht überwinden wollen, Ihre Sicht auf sich und Ihre Welt zu verändern und stetig daran zu arbeiten. Ihre Gedanken erschaffen Ihre Realität, verändern Sie Ihre Glaubenssätze und dadurch werden Sie sich positiver fühlen. Und nein, Sie müssen nicht 24/7 positive Gedanken denken, es geht um die Grundeinstellung.

Das heißt, wenn etwas Schlechtes passiert, haben Sie weiterhin im Kopf, dass alles wieder gut werden wird. Hinfallen und wieder aufstehen. Es ist Arbeit und nicht immer leicht, sein komplettes Denken zu verändern, aber nicht unmöglich. Tun Sie es nicht aus Zwang und sehen Sie es nicht als Belastung. Sie werden dadurch heilen, also sehen Sie es als Motivation und seien Sie sich sicher, dass Sie allein Ihr Leben in der Hand haben und es zum Positiven verändern können. Sie wissen bestimmt auch selbst, dass Sie es nicht verdient haben, so unglücklich mit sich selbst zu sein und so viel Schmerz in sich zu tragen. Geben Sie sich selbst einen Ruck und fangen Sie an, Ihr Leben zu ändern und auf sich Acht zu geben. Holen Sie das Beste aus sich heraus.

INSPIRIERENDE UND SCHÖNE ZITATE

„Sich selbst zu kennen, ist der Anfang aller Weisheit." Aristoteles

„Versuche nicht, ein erfolgreicher, sondern ein wertvoller Mensch zu sein." Albert Einstein

„Je ruhiger du wirst, desto mehr kannst du hören." Ram Dass

„Manchmal braucht man einen Moment der Stille, um wieder das Wesentliche zu hören. Einen Moment mit geschlossenen Augen, um wieder klar zu sehen. Einen Moment auf das Herz hören, um das Leben zu spüren. Einen Moment des Rückzugs, um wieder stark zu werden."

„Das Mutigste, das man tun kann, ist eigenständiges Denken, und zwar lautstark." Coco Chanel

„Glückseligkeit entsteht, wenn Denken, Sprechen und Handeln in Einklang gebracht sind." Mahatma Gandhi

EIFERSUCHT

„Step by step. Day by day."

*„Je gesünder die Beziehung zu uns
selbst ist, desto gesünder sind auch die
Beziehungen zu anderen Menschen."
Laura Malina Seiler*

*„Eines der größten Geschenke, die man
sich selbst machen kann, ist zu vergeben. Jedem zu vergeben." Maya Ange-
lou*

*„Fordere viel von dir selbst und erwarte
wenig von den anderen." Konfuzius*

*„Schließe ab mit dem, was war. Sei
glücklich mit dem, was ist. Und sei offen für das, was kommt." Filou*

*„Denke nicht so oft an das, was dir
fehlt, sondern an das, was du hast."
Marc Aurel*

*„In dem Moment, da du dich selbst
akzeptierst, wirst du schön." Osho*

*„Es kann keine Heilung im Körper
stattfinden, wenn wir die Heilung nicht
in unserem Geist und in unserem Herzen haben." Dr. Joe Dispenza*

„Überlege dir, wer du sein willst. Der bloße Prozess des Nachdenkens beginnt, dein Gehirn zu verändern." Dr. Joe Dispenza

„Schönheit beginnt in dem Moment, in dem du beschließt, du selbst zu sein." Coco Chanel

„Deine erste Pflicht ist, dich selbst glücklich zu machen. Bist du glücklich, so machst du auch andere glücklich." Ludwig Feuerbach

„Eine gesunde Selbstliebe bedeutet, dass wir keinen Zwang haben, uns selbst oder andere zu rechtfertigen." Andrew Matthews

„Eigenliebe ist das Instrument der Selbsterhaltung." Voltaire

„Liebe dich selbst, um von anderen geliebt zu werden." Unbekannt

„Sich selbst zu lieben, ist der Beginn einer lebenslangen Romanze." Oscar Wilde

„Du bist die einige Person, der du gefallen musst." Unbekannt

„Auch aus Steinen, die einem in den Weg gelegt werden, kann man Schönes bauen." Johann Wolfgang von Goethe

„Das Leben beginnt dort, wo die Furcht endet." Osho

„Es gibt keinen Weg zum Glück. Glück ist der Weg." Buddha

„Gib jedem Tag die Chance, der schönste deines Lebens zu werden." Mark Twain

„Es gibt zwei Arten, sein Leben zu leben: Entweder so, als wäre nichts ein Wunder, oder so, als wäre alles eines." Albert Einstein

„Was du denkst, bist du. Was du bist, strahlst du aus. Was du ausstrahlst, ziehst du an." Buddha

„Liebe ist nicht das, was man erwartet zu bekommen, sondern das, was man bereit ist, zu geben." Katharine Hepburn

Lassen Sie sich von schönen und inspirierenden Zitaten durch Ihre Heilung führen. Ich finde, Zitate geben uns ein gutes Gefühl und es ist schön, sich Zitate durchzulesen.

Literatur-
empfehlungen

- „Das Kind in dir muss Heimat finden." Stefanie Stahl
- „Liebe, Freiheit, Allein sein." Osho
- „Ziemlich gute Gründe, am Leben zu bleiben." Matt Haig
- „Die Freiheit frei zu sein." Hannah Arendt
- „Die subtile Kunst des Draufscheißens" Mark Manson
- „101 Essays that will change the way you think" Brianna Wiest
- „Meine Reise zu mir selbst" Sabrina Fleisch
- „Lass gehen, was gehen will" Koray Tektas

... ich wünsche Ihnen auf Ihren Weg viel Liebe, Kraft und Zuversicht. Alles Gute.

Herstellung und Verlag:
BoD – Books on Demand, Norderstedt
ISBN: 9783755723998

Kontakt: Psiana eCom UG/ Berumer Str. 44/ 26844 Jemgum
Covergestaltung: Fenna Larsson
Coverfoto: depositphotos.com